황산도뻐의 노래

환도뼈의 노래

이영희 시집

쿰란출판사

여는 글

관찰이 느낌으로 오고 느낌이 시심(詩心)을 일으켜 응축된 시어(詩語)로 옮겨진다는 것은 결코 쉽지 않다. 더구나 시어들의 전시적 단순 나열이 아닌 마음을 옮겨 담는 산 시어들의 선택은 뼈를 깎는 고통을 수반하는 것이리라.

더구나 영혼의 느낌과 움직임을 담는 데까지 승화시켜야 하는 신앙적 시작(詩作)은 아예 나에게는 많은 무리였다. 결국 나는 여전히 진정한 시를 흉내내는 것에 그친 듯하여 부끄러울 뿐이다.

다만 마음의 주인이시요 시상(詩想)의 원천이신 주님의 긍휼을 의지하여 한 자, 한 절 쓰다 보니 여기에까지 이른 듯하다. 용렬한 작품이긴 하나 하나님의 은총이 내 안에 있었음을 알리고 싶을 뿐이다.

시집 출판을 강권하여 마침내 빛을 보게 하신 뉴욕 예람교회 당회원들과 교우들에게 깊이 감사드리고, 도안과 편집을 담당해 주신 쿰란출판사 편집부에 감사를 드린다.

극도의 개인주의와 현기증 나는 기계문명의 질주 속에서 날이 갈수록 마음과 영혼이 공허하고 황폐해져가는 현대인들에게 잠시 머물러 서서 함께 나누어지는 시(詩)들이 되었으면 바라는 마음으로 미닫이를 열어본다.

2012년 맹하(猛夏)를 지나며
야후(野吼) 이영희

목차

Part 2. 〈여름〉 먼 산울림

목차

Part 3. 〈가을〉 또 한 철새를 떠나 보내고

Part 4. 〈겨울〉 환도뼈의 노래

Part 01. 봄

봄 각시들

봄 각시들

질주하는 기계가
빨강 멈춤에
숨 고를 때에

길섶 모퉁이
삽시간에 점령해 버린
노오란 봄

칼끝같이
선명히 받쳐 입은
파랑 치마에 노랑 저고리

찌들린 혼들
풀내음으로 자장가 부르는
각시들
각시들
각시들.

봄 주님

주님
오소서

살얼음 덮인
도랑물처럼
도란도란 오소서

겨우내
기지개 한 번 제대로 못한
면목 없는 가슴에도
슬며시 오소서

돌아만 보아도
손시린
서러운 어깨 위에
포근히 오소서

유난 노오란 봄길
개나리 따라 오소서

주여
그렇게
오소서.

봄 향기

설레는 봄
지금
내 무릎에 엎디었습니다

그건
노랗고
또
비취옥색입니다

남들에겐
이미 저만치 가버린 봄이나
내겐
소중합니다

그건
풀머리 내음
잊혀진
고향의 향기입니다

소스라치는
비단 바람과
맨 종아리에 감기는
간지러움입니다

봄이
가고 있습니다.

꽃처럼 살았으면

겨우내 죽어 있어도
원망 한 번 없이
꽃 피울 봄 소망만 간절할 뿐
거만함도 위축감도 없이
다만 하늘 향해
정성껏 망울 티울 뿐
넌 그렇게 거기 피어 있다

시새움 추위와
짓궂은 비바람에 턱없이 흔들려도
넌 신비로운 누님의 미소처럼
다소곳하고 화사하다

갈 곳도 없고
할 것도 없지만
진솔하게 두 팔 벌리고
그렇게 세상 한 모퉁이를 안고 섰다

보는 이로 취하게 하고
다가서는 이로 열반(涅槃)에 들게 하는 넌
소리없는 생명의 전령(傳令)이다

욕심도 다툼도 없이
속임도 절망도 없이
넌 매혹의 향기로만 말한다

그러다
져야 할 그 어느날 오면
넌 미련 없이
뚝 뚝 떨어진다
또 다른 신비를 준비하려
뚝 뚝 떨어져 간다.

빨리 가는 봄

목련 잎
뚝 뚝 떨어진다

밀납마냥
진득한 봄더위에

목련 잎
뚝 뚝 떨어진다

촉촉한 봄비에
맨살을 적시며

목련 잎
뚝 뚝 떨어진다.

꽃도둑

말로만 듣던 꽃도둑
보란 듯 다녀 가셨다

7월의 성하(盛夏)를 향해
온 몸을 다 던지던
뜰 앞의 수국(水菊)
소담스런 푸르른 머리들이
흔적도 없이 사라졌다

대궁이만
피를 철철 흘린 채
달랑 서있다

누군지 모르지만
나만큼 좋아하나 본데
그냥
두어야 할까 보다.

폭염

오늘을
마지막 살듯
혼신을
다 쥐어짜
쏟아 붓는
네 정열이 부럽다

타는 헐떡임과
끈적이는 칙칙함에도
화끈하게
지지고 가는
네 심술이 마음에 든다

물에 물 탄
맹탕세상이
반절만
널 닮았더라면
내 이리
슬프지 않으리

오늘도
이글거리며
서편 재 넘는
넌
매력 만점이다.

하늘과 바다

하늘에 바다가 있다
흰 갈기를 세우며
사정없이 덮치는
풍운의 심술이 기다린다

바다 속에도 하늘이 있다
끝 간데 없이 펼쳐진
코발트 물감이
언제든지 엎질러질 모양이다

하늘이라 엎어지지 말고
바다라 자빠지지 말 것이
너의 하늘 나의 바다
나의 물결 너의 구름이란다.

녹수사(綠樹辭)

유록(幼綠)이
연록(軟綠)의 등에 업혀
초록(草綠)의 재롱을 눈여겨 볼 때
청록(靑綠)은
실록(實綠)의 치맛자락을 잡고
저만치 휘저어 걸어간다

황록(黃綠)의 심유(深幽)한 세월의 눈길이
암록(暗綠)의 아쉬운 취기(醉氣)를 일깨울 때
갈록(褐綠)의 애잔(哀殘)한 손이
이미 휘어져 거칠어진
유한(遺恨)을 더듬어 간다.

나무

난
네가 좋다

냉혹한 칼바람에도
어김없이 싹을 내고

눈부신 청록의 찬란함에도
으스대지 않고
서있는 것으로 만족하는
네 소박함이 좋다

부러지도록 휘젓는
바람의 심술에도

진저리 치도록 갉아드는
목충(木蟲)의 성가심에도
말없는 아픔으로 나이테를 더하는

네 의연함이 좋다
박(薄)한 땅 원망도 않고
운명도 탓하지 않고

허구헌 날
말 없이
두 팔 벌려
온 벌판을 안다가

모진 삭풍에
미련 없이 옷을 벗는
네가 좋다

난
네가 좋다.

가을에 누워

황금색 빛의 굴레가
하늘로부터 찬연히 다가오면

나는
이 가을을 안고
또 한 번 뒤채어야 한다

담아도 담아도
여전히 남아있는
핏빛 사연과

쥐어도 쥐어도
아직 잡지 못한
적황색의 비밀

잠깐의 빛깔이지만
그건 황홀하고
안타까운 세월의 유산이지만
족히 잊을 만하다

계곡 청수(淸水)에 비친 가을의 마음
차마 애처로워 거울이라 하라.

들국화

방울로 서리진
하얀 아침 길
누구의 자국을 기다리나

깨기 아쉬운
초가을 아침 꿈
어느 빛줄기가 흔드나

유덕한 해바라기도
소담한 수국도 가버린 이제
긴 긴 여름 이야기
누가 해주나

연청 들국화
외로운 한들거림은
어느 구름 따라 가나

목교(木橋) 너머 쑥내음과 더불어
소리없이 다가선 이는 가을인가

들국화여라

비밀이란다
곁에 서 있어야 풀리는

그게 왜 그리도 애처로운 연청색깔인지
어쩌다 외진 길섶에 섰는지
굳이 한낮 볕 마다하고
풋풋한 아침이슬에 피어나는지
시간이 정지된 듯한 외로움에도
어찌 그리 초연한지
늘어진 부들과 함께
어떻게 바람을 놀려주는지
그러면서도
우아한 허리띠에 소박한 소매 걷고
언제 청초한 고깔을 썼는지

그건 다 비밀이란다

오늘도 미풍에 흔들리는 네 단아(端雅)함이
먼~먼 고향 과수원 풀밭에다 날 데려다 눕혀
구름 한 점 없는 빈 하늘 쳐다보며
진한 그리움의 물감으로
이 가슴 칠해간다
연청으로
연청으로
번져만 간다.

고향

시원한 관송(觀松) 바람
미남리(美南里)가 온다
속이 저리도록 시린
청하(淸河)가 온다

고염나무 낮은 가지 걸친
토담 다 무너지고
기왓장 틈새 거뭇거뭇 돋은
돌새풀도 세월 속에 시들은 지금

봉숭아, 채송화, 분꽃, 맨드라미
붉은 마당이 새삼 다가온다

초여름 저녁밥상 물리고
살평상 누워 별 헤던 밤

50년이런가
60년이런가

쓰르라미 소리 속에 곱게 접혔던 고향
시간의 미닫이가 스르르 열린다.

기다림

저 어둠 속에
그치지 못하는
풀벌레 소린
누가 잠재우나

작은
발자욱 소리도
숨죽여 듣는
가녀러진 몸짓은
누가 봐주나

차가운 긴긴 밤 베고서
목늘여 내다보는
희뿌연 동녘은
언제 밝으려나.

바떼이, 바떼이

사탕수수 푸르런 울타리 그리도 높았던가
긴 긴 세월
가지도 오지도 못한
한(恨)을 묻고 또 묻었으니
체념이 체념해버린 맨발의 소녀
가닥 가닥 땋은 댕기머리
뛸 때마다 뒤채이는
삶의 신음소리란다

그래도 아침햇살 같은 눈망울에
어느 날
한 끼 떡에다 문명의 선물을 들고 온
조금은 건방져 보이는 이방인들이
무슨 그림으로 보여졌을까
그리도 애써 전하려 했던 예수가
저들의 눈물을 닦아 주셨을까?

* 바떼이는 도미니카 공화국에 있는 사탕수수 농장에서 일하는 인부들이 사는 마을을 의미한다.

레닌그라드 행

이국 땅 철마(鐵馬)의
하얀 질주

영원할 듯한
끝없는 흔들림

이름 모를 군웅들의
천년 함성이 지나간다

역사의 붓질 한 번에
음지에서 양지로
양지에서 음지로
그 위로 두 선이 그어간다

설원, 자작나무, 부우옇게 웅크린 마을들
어지러운 편린(片鱗)들이
차가운 몸부림으로 어두운 창에 스친다

퍼뜩
흰 밤이 가고
퍼뜩
생명이 간다.

아마조나스(Amazonas)

대륙의 이단자 안데스(Andes)
그 이마 언저리 빠뿌리 강(Rio Papuri)
시원(始源)의 젖줄이 터져버린 듯
너는 그렇게 달리기 시작했다

일천백 개의 샛강을 거느리고
시속 9km의 유려한 몸짓으로
장장 7,840km의 검푸른 정글을 뚫는 너는
언제라도 일 저지를 수 있는
아마조나스의 전사(戰士)

가도가도 밀림
저어도 저어도 황톳물
사람의 발길을 거부하기에
해조차 조심히 기웃거린다

태고로부터 감추인
황녀(皇女)의 숨결인 양
대지의 마지막 신비인 너는
오늘도 도도히 흐른다.

바릴로체(Barriloche)

넌
산 너머에 숨기워진 자
눈 시리게 푸르고
뼈 저리게 맑은 넌
태고(太古)에서 외출 나왔나 보다

깜빠나리오(Campanario) 정상의
하늘바람
내 혼을 먼 날로 보내고
아무리 애써도
눈에 채워지지 않는
하늘, 산, 호수에
난 어느덧 한 나무로 섰다

맑다 못해 시린
나후엘 후아피(Nahuel Huapi) 호심은
희디흰 신의 마음
아라야네스(Arrayanes) 나무의

황록색 군무(群舞)는
풀 길 없는 신비

세사(世事)에 찌들고
바람에 시든 마음
오늘
호심에 담근다.

* 바릴로체는 알젠틴의 유명한 산중호수로 천연 휴양지이다.

마추피추(Machu Picchu)

코흘리개의 만화
잉카(Inca) 왕국의 녹색신비
까까머리 속의 환상의 비경(秘景)
반백년이 넘는 달력 속 염원이
그렇게 훌쩍 한달음에 달려올 줄이야

잉카의 심장 쿠즈코(Cuzco)
신비로 가는 관문 우르밤바(Urbamba)
그리곤 사정없이 하늘로 쳐들리는 시선
넌 그렇게
느닷없이 달려왔다

하늘로 가는 길인 양 구비를 구비돌아
문명의 이단자 버스도 가쁜 숨결 토하고
운무에 가리운 아득한 천길 계곡엔
한(恨) 많은 세월의 물줄기가
심곡(深谷)을 휘돌아 간다

하늘에 솟은 푸른 병풍들
고요, 외로움, 적막, 유한(有恨)을 남긴 채
홀연히 사라진 금(金)의 왕국이여!
가슴 저미는 아픔의 영화여!

산바람에만 귀를 열어놓은 석축들의 침묵
누가 알려나 저 녹색 사연들.

Part 02. 여름

먼 산울림

작은 새

작은 새
너는 스핑크스(Sphinx)의 비밀을 묻는구나

작은 새
너는 불나방이의 유희를 눈여겨 보는구나

작은 새
너는 한 바가지의 물에
혼의 불사름을 해갈하려 하는구나

작은 새
너는 피닉스(Phoenix)의 날개침을 들어 보았는가
그의 눈이 가는 천공(天空)을 보았는가
죽음으로 자신을 불사르는 투혼(鬪魂)을 보는가
하늘을 떠받치는 외로운 나래의 신음을 듣는가

작은 새
이제 너는 울음을 멈출 때

이제 너는 둥지 위의 파아란 영원을 눈여겨 볼 때
이제 너는 힘있는 철새의 여로(旅路)를 떠날 때

다시는
다시는 울지 말거라

그리고
높이 날아 가거라.

먼 산울림

오늘
아프네
철선(鐵線) 버히고 간 자리

오늘
허전하네
재만 남은 빈 마당에
그림자만 길게 끌고 가네

피칠 깃에 퍼덕이던 학
미친 듯 춤추다
이젠
외다리 꼬고 서
먼 산울림에 귀 열어 갈 때

하늘 소리일세
그러나
몸은 애잔하게 떨리네.

초상화

미친 듯 불다 간 바람인가
신비로이 일렁이다 꺼진 불인가

분벽 횟가루 스러지듯
무너져 내린 내 안의 나는
어디로 갔나

계산이 안 되는 값을 치른
나의 나는
어디에 누웠나

어제 없는 내일만 고집하던
네 반듯한 이마는
지금 어디로 향하나

그 자리
그 냄새
그리도 클 줄이야

쓰리다 못해 저려오는
마음의 노를
이젠
놓아야겠지.

종사(終辭)

그 날
노을과 함께
그는 갔다

영롱한 취록(翠綠) 이슬 뒤로하고
자욱한 추억의 잔해를 밟으며
그는 갔다

황홀한 감동도
고운 시어(詩語)들도
다 따라가버렸다

하기사
원래부터
가기 위해 난 사람

무궁히 부끄럽지 않고
영원히 상실하지 않으려

하얀 아픔 속으로
걸어나갔다

이제
그는
갔다.

장례

별 같은 사연들을 안고
강수(江水) 같은 한(恨)을 모둔 채
숱한 문인(文人)들의 수사(修辭)처럼
풀의 이슬로 돌아갔다

구슬픈 상여 가락 따라
망산(亡山) 비탈에 섰으나
아직 끊어지지 못한
빈 가슴들만 뎅그라니 남아
망자(亡者)의 그림자를 힘겹게 지워간다

하관(下棺)에 허리가 꺾이고
봉분(封墳)에 기절하더니
꺼이 꺼이 울음도 잦아들고
고요가 어두움으로 깔려간다

다 가버린
빈 산자락엔
소슬 바람에
잔 가지만 달빛에 걸렸다.

귀가(歸家)

빠알간 화톳불에
구운 마늘 나누어 먹던 날

그 날은
병자처럼 걸어 나갔다

보라색 광기에 떨면서
을씨년스런 어둔 골목 끝에 섰다

모닥불 황홀한 일렁임 따라 태고(太古)로 갔으나
춥고 또 추웠다

황금 햇살 줄무늬 잇고
핏빛 낙엽 무더기로 누운 어느 날

문득 내 발 낯익은 돌담 아래 섰을 때
구름은 저만큼 비껴가고
사위(四圍)는 다시 호젓한데

먼 초원 이슬진 들꽃들이
이젠 하얗게 내 속에 누웠다

이 아침 손때 묻은 청석 섬돌 위에
젖은 신발 가지런히 모은다.

새야 가거라

새야
가거라
멀리
날아 가거라

방앗간
도는 물레
사연 잊고 가거라

황금물결
볏닢새
지겹게 선 허수아비
못 본 체 날아가라

천년도 하루
정념도 모닥불
다
한 가닥 연기일 뿐

세월의 바람에
쓸어누운 들꽃 내음
이젠 다 뒤로하고
새야
그만 가려무나

눈부신 청천에
까만 점 되기까지
새야
가거라.

귀로(歸路)

한 줌에 스러질
모래알인데
왜 그리
고집스러웠는지

한 바람에 흩어질
연기였는데
왜 그리
연연했는지

종내
잡지 못할
신기루 좇다
기진하는
황사(黃沙)의 슬픔아
제대로 울지도 못하는
문풍지의 설움아

이젠
바람 끝에 머문
싱그러운
아침이슬로

누군가
날 대신
허구헌 날
머물다 간

켜켜이 쌓인
먼지 딛고
내 자리로
돌아 가려나

돌아 가려나.

별 헤는 마음

찌그러진 깡통과
쓰레기 쉰 냄새에 지치거들랑
차라리 하늘 우러러라

그게 날 기다리는 낮 아니요
저물고 싸늘한 밤이라도
하늘 우러러라

동전치기 코흘리개 준이도
저녁 연기 따라가고
소꼽놀이 악씨애도
이젠 삽살이와 가버린 지금
우두커니 동구밖에 혼자 섰어도
너는 하늘 우러러라

밤바람 스친 뺨
문득 외로워도
함께 외로운 별을 헤어라

저마다 사연에 반짝이는 별을 헤어라

다가서는 날 빛에
설사 스러져 가도
어느 날 별 헤는 마음에
그의 손길 오기까지
너는 별을 헤어라.

자유혼(自由魂)

할미꽃 흰머리
다 흩날리고
씨머리만
뎅그라니 남은
상념의 봉분(封墳) 위

추억의 씨줄도
후회의 날줄도
훌훌히 다 풀려가고
너덜거리는
한(恨)의 베틀만
정지된
세월의 벽을 두드린다

불다 지친
바람의 아우성마냥
타다
못 다 사그라진
재마냥

다시는
오지 못할
너
자유의 혼

이젠
무심하기만 한 구름에
저만치
실려간다.

알기나 할까

누가 말했나
삶이
아름답다고

땀의 씨줄과
눈물의 날줄로
구성지게 짜인
상주의 베옷임을
알기나 할까

한 가닥 그어진
색동소매의 꿈이
피어보지도 못한 채
무정한 진창 속에
묻혀져 가는 게
너와 나의
가당치 않은 삶인 줄
그가
알기나 할까.

독수리

삭풍에
갈기 세워져도
거기
그렇게 앉아있은 지 오래다

정지된 듯한 불타는 눈이
어쩌다 감겼다 뜨면
뇌전(雷電)이 치듯
천지가 양단(兩斷)된다

높이 날기 기록엔
관심도 없다
누구의 안달에도
날개를 펴지 않는다

오직 단 한 번
태양까지 날아야 할
신들린 비상(飛上)의 그 날을 보며

고봉괴암(高峰怪巖)에 오연히 앉아
오늘도
외로이
산바람을 마주한다.

돌가족

일구다 일구다 가버린
밭머리에
완강히 돌아앉아
세월의 한숨에
구멍이 숭숭 뚫린
검은 돌들

활화산이
휴화산 된 지
오래고 오래되어
붉다 못해
검어지고 만 그들

지나가다 말고
다 설레설레 흔들지만
그래도
우긴다
우린 돌가족이라고

좋겠다
그래도 가족이라서.

도문교 그 너머

두만강 푸른 구비
옛과 여상하고
변경의 바람
이리 다정스러워도
건너 조국의 산하는
기식이 없다

도문의 소음 그리 높고
기적소리 저리 애처로워도
저 너머 산하는 깨지 않는다

그리움으로
곧게 뻗은 도문대교
저리도 가고 싶어하는데
산아
강산아
말 좀 하려무나.

헌 휴대폰

이건 삼성이고요
저건 모토로라예요
새로 나와 사진도 찍을 수 있고요
10분 동영상도 떠요

저만치서
물끄러미 건너다 보는 너는
배터리 다한 눈으로 껌벅일 뿐
잠시 후면
닳도록 여닫던 그 손에서
버려질 비정(悲情)을 알기나 하는지

이건 삼성이고요
저건 모토로라예요

흐릿한 물안개 속으로
너의 메모리가
하얗게 지워져 간다.

치매

어느 날인가
눈웃음으로
슬그머니 다가왔다

하늘 아래 둘도 없을
그 사랑도 피곤해하며
혼자의 그림자 속으로 걸어 들어갔다

그리 애달피 불렀건만
무성영화 배우마냥
열심히 눈꺼풀을 움직이며 스쳐 지나갔다

액자 속의 그림마냥
황소 타고 풀피리 불며
들녘 황혼 속으로 저물어 갔다

알레그로(Allegro) 비바체(Vivace)의 격렬한 몸부림들이
안단테(Andante) 디미누엔도(Diminuendo)의

애잔한 떨림으로 찾아들었다

흐느끼는 관중의 눈물도 모른 채
희미한 미로(迷路)로 걸어 들어가고 있다.

하상관의 아버지

청하면 미남리 제재소
대춧빛 얼굴에 비지땀 흘리며
괴물 같은 통나무
전력으로 톱날에 밀어붙이던
친구 하상관의 아버지

귀청이 찢기도록
진저리치는 톱니의 굉음과
흩날리는 톱밥 사이에
희미하게 서있던
친구의 아버지

골(骨)이 흔들리던
톱소리 뚝 그치고
영원 같은 고요가 제재소를 채울 때
하얀 눈섶 가만히 털면서
그림같이 앉아 긴 숨 쉬던
친구 아버지는 무슨 생각 했을까

삼국지 조자룡 이야기만 나오면
물 만난 고기처럼 딴 사람이 되던 그 분
처연히 잘려나간 하얀 나목(裸木)들 앞에서
소리의 극과 극의 삶에서
무슨 생각 했을까.

시인(詩人)

시인이라 하네
등단했다 하네
말하기 좋아하는 이의
날려가는 말

그것밖에 없는
그 말 한 마디 찾아
온 밤을 쥐어짜며
천지를 헐떡이는 게
시인이란다

난
차라리
오십천(五十川) 강변에 서리

간지르는 강바람에
일렁이는 수초(水草) 따라
눈부신 정오의 금모래에 뒹굴며

은어(銀漁) 잡는
소년의 꿈이나 먹으리

소년아
시인아
반짝이는 모래톱에 엎딘 사이
저만치
해가 가누나.

청송(青松)

펄 펄 날리는
눈의 바퀴 따라
세상에 온 너는

어느 날
새벽하늘 손톱달처럼
새하얀 옷고름에
청색 치마 받쳐 입고
그림같이 서 있었다

대충 가는 길을
마다하는 너는
천상 푸른 솔이란다

다 아니면
다 버릴수 있는
엄엄한 기상(氣象)은
오직 광야에 서야만 어울리는

오연함이란다

부는 바람소리 속에
벌써 천 년이 간 듯하나
아직도 못 다 부은
강낭콩 쪽빛 정열은
차라리 불타는 얼음이리라

오늘도
처연히 맴도는
광야의 소리의 증인이런가
여전히 청청한 솔향은
늦은 가을빛을 아우른다.

광야에 서리라

눈 먼 돌들의 슬픔이 깔리고
귀먹은 들풀의 아픔이 저민 곳
그리로 가리라

미친 바람 아우성 치다가
황량함으로 적막이 잦아진 곳
내 거기 서리라

겉옷 다 해어지고
동공에 눈물 고였지만
태고(太古)의 고요 따라
내 광야에 서리라

구름 간 텅 빈 하늘
허허로이 우러르며
외로운 외침으로
내 거기 맴돌리라

Part 03. 가을

또 한 철새를 떠나 보내고

신년

회오(悔悟) 중에도
얄밉게 와버린
또 한 해

그건
또 한 꿰미의 세월의 이슬
못난 날 위해 주신
은총의 방울

하얀 진실과
붉은 정열로
영롱히 빛나라고
한 번 더 떨어뜨리신
긍휼의 즙

한 번도
제대로 고개 들지 못했던 그 날들
차마 되풀이하기 어려워도

난
또 한 번
그 이슬 꿰어 보리라.

신년의 기도

주여!
허화시(虛華市) 아우성에도
먼지 묻은 한 해
붙드셨음을 감사하나이다

보리 석 되에 한 데나리온
검은 저울질에도
싱긋이 웃으며
걸어나오게 하심 감사하나이다

오늘
부끄럽고 송구한 마음에도
찬란한 새해
햇빛 주심을 감사하나이다

늘 그러했듯이
지금도 자신없는 마음의 시작이지만
늘 그러했듯이

염려 말라
포근히 다독여 주심을 감사하나이다

주여!
내 삶이 힘겨워 숨찰 때
곁에 서 주시고
내 영이 외로워 정처 없을 때
안아주소서

길지 않을 남은 길
내
정직하고 겸손히
가게 하소서.

수난

호기롭던 장담 다 흩어지고
눈 먼 채찍에 옥합 깨어졌네

애곡으로 혼절한 모정
버림으로 거절된 부정(父情)

음부(陰府)의 창백함이 뺨에 서릴 때
철의 차가움이 영혼을 가로질렀네

여상한 언덕바람 천년이 간 듯 불고
낭자한 핏자국 끈끈히 적셔올 때
아~
나도
목이 마르네.

그 날

돌 문 굴러가
무덤 열리고
죽음의 서슬
생명에 삼키운 날

천지개벽으로
썩음이 영광에 절하고
6천 년의 한이 눈 녹듯 스러져
시간이 비로소 영원을 소유했던 그 날

눈물 훔치고 웃으며
엠마오에서 예루살렘으로 냅다 뛰던 그 날

그 날은
하늘도 땅도 만세여라

내 모습 마냥 찌그러진
오늘도
그 날은
만만세여라.

목자의 심정

홀연히 가버려
하얗게 비어버린 그 자리
행여 돌아올까
문 밖에 머문 눈길 눈길들

기다림의 무게에 견디다 못해
골목마다
삼삼오오의 근심이 스쳐가고
상점마다
찾아 묻는 걱정이 깔려간다

쓸어가는 거친 파도의 허연 소용돌이
무덤같이 버티고 선 고장난 엘리베이터
고철 공사장에 퍼부어 놓은 시멘트의 단단한 거부감
실타래마냥 얽혀오는 불길한 상념들
부르르 몸이 떨린다

힘써 도리질로 추스린 마음
마지막 남은 실 한 가닥 붙들고
주님, 주님 부를 때
울컥 목구멍에 걸리는 소리
아-- 이것이 목자의 심정, 주님의 마음
밀물마냥 밀려오는 벅찬 감격
온 세포가 올올이 일어서는 감동

찾았다는 꿈결 같은 소리에
뜨거운 것이 치솟아
아무 말 못하고
눈물만 쏟는다.

나는 파도와 싸웁니다

나는
파도와 싸웁니다

산 같은 검청머리와
진저리 쳐지는
흰 이빨과 싸웁니다

혼이 진동토록
부딪쳐 깨지고
기식(氣息)이 가물거리도록
쓸어가곤 합니다

저들은 진정
무저갱에서 바로 올라왔나 봅니다

나는
파도와 싸웁니다

성난 파도는 차라리 좋습니다
나도 이를 악무니까요

그러나
비취옥색으로 전열을 가다듬고
얍삽하게 밀려오는 미파(微波)는
정말 무섭습니다

내 이미 여러 곳 구멍나고
선혈이 낭자합니다
드러난 허연 뼈엔
천 년을 기다리는
외로움과 서러움이 있습니다

그래도
나는 파도와 싸웁니다.

나는 또 파도와 싸웁니다

나는 바다를 떠나 살지 못하나 봅니다

을씨년스런 칙칙한 날씨에
무엇이 스물거리고 지나가는 느낌
온몸이 진동하는 파도의 난타로
만신창이 되어 물러서곤 하지만
나의 혼(魂)은 이미
바다 깊이 일렁이는 해초(海草)에 묶여
떠나지 못합니다

그 바다를 결별하고
산자락 뭍까지 헐떡여 뛰었지만
천둥 같은 굉음(宏音)의 파도는
가라앉은 내 혼을
이미 저만치 끌고 갔습니다

결국 난 바다를 떠나 살지 못하나 봅니다

찌는 열풍에 잘게 부서져 오는
은파(銀波)의 시원함이 없지는 않지만
온몸이 다 해체되고
뼈들이란 뼈는 다 부서져
함몰(陷沒)될 듯 부딪쳐 오는
저 산악 같은 파도들은
못내 무섭습니다
일시에 하얗게 비산(飛散)해 가는
거품들의 포말(泡沫)들은
생각만으로도 살점이 얼얼해 옵니다

그래도 난 바다를 떠나 살지 못하나 봅니다
곤두박질쳐 정신없이 삼킨
쓰고도 짠 황홀함이 나를 끌고 갑니다
그래서
이 여름
난 또 파도와 싸웁니다.

죽었다더니

거친 파도의
분출하는 거품이로구나

곽란(槨亂)하는 자의
토사(吐瀉) 같구나

지붕 용마루
삽시간에 재로 내려 앉히는
불의 혓바닥이로구나

예전에 죽었다더니
벌써 장사되었다더니
말도 아닌 말 가지고
세상을 온통
어육(語肉)으로 만드누나

말의 모래사막을 헤매다
종내
한 줌 흙으로 설 인생아.

또 한 철새를 떠나 보내고

어젯밤
또 한 잎새가
떨어졌다

한 여름의
영롱한 꿈과
가을의 황홀함이
씨줄 날줄로 새겨진
이쁜 팔랑거림이었는데

단 한 번의 무서리에
무참히 져버렸다
모든 것은 변한다
한 마디만 남겼다

하고 보니 다 변한다

규칙은 어겨지고
약속은 깨어지고

시간은 흘러만 간다

의리도 배신되고
우정도 금이 가고
사랑도 식어져 간다

어제의 흥겨움이
오늘의 지겨움으로
옛날들의 애틋함이
조금은 짜증스러운 지금으로

영원할 듯했던 정열이
싸늘한 재로 남는다

오늘
난
또 한 마리의 철새를
떠나 보낸다

그토록
따습고 감미로웠던
많은 날갯짓을
허전한 그림자로 남긴 채
변함의 바람을
차오르며
그렇게
떠나갔다

종종 걸음쳐 활주하던
호수면의
동그라미들만
쓸쓸한 파문으로
멀리 퍼져간다

모든 것은
변한단다.

먼지 묻은 사연

사연이 많아
간다는구려
비뚠 밭고랑
마음에 안 든다는구려
천날 만날
갈아온 비탈밭
박토(薄土)라
싫다는구려

저 하늘
별들의 사연이라면
내 무어라 하겠소
자갈밭
먼지 묻은 사연
훌훌히 털겠다니
할 말이 입을 떠났구려

그래도
한 줄에 꿰인

구슬인 줄 알았는데
사슴 눈빛 속에
오색(五色) 고락(苦樂)이
오간 줄 알았는데
매정을 다정인 양
그냥
밟고 가시는구려

오늘도
타는 목마름으로
소나기 기다리는 마음
뒤로한 채
또 한 철새가
아득히 날아가는구려.

조시(弔詩)

주님 보고파
그리도
서둘러 가셨는지요

플렘보이안(Flamboyan)
붉은 꽃길 따라
아버지 집으로
가셨는지요

아직도 남은
애틋한 눈망울들 두고
홀연히
하늘 길 가셨는지요

저리게도 가슴에 담았던
도미니카, 바떼이, 마가리따는 어이하고
이리
훌훌히 가셨는지요.

목련이 져버린
허전한 5월의 길
이젠
홀로 걸어야겠군요

_한요한 선교사님 소천에

* 플렘보이안(Flamboyan)은 꽃이름으로 도미니카공화국의 국화이다.
6월의 붉고 화사한 꽃이다.

귀뚤

풀무질 닦달하듯 모은 새알(鳥卵)
연기 되어 사라지고
빙각(氷角)도 녹던 정열
재같이 사그라질 때
난
어둑해진 동구 밖
우두커니 선 외톨

어둠이 갸우뚱하고
적막이 껌벅이다 간 후
정말
내가 나인지
가만히 만져 보았다

그리고
그렇게
서 있었다
울지도 웃지도 못한 채
어두움의 한 부분인 양.

Part 04. 겨울

환도뼈의 노래

환도뼈의 노래

쫓기는 혼이
마침내 다다른 곳
검은 강
얍복

누구도 질 수 없는
외로운 밤의 무게
칠흑으로
칠흑으로
짙어만 간다

400 칼날의
섬뜩한 잔상이
현실이라는 두려움을
처참히 난도질 할 때
야곱이여
야곱이여
너의 날이 다하고 마는구나

하늘로 온
흰옷 입은 자와
피눈물의 씨름으로
하늘과 땅
생과 사가 갈릴 때
자랑하던
너의 뼈
여지없이 꺾였구나

궁휼의 관
이스라엘을 쓰고
브니엘의 아침
찬란히 맞았으나
애처로이 절뚝이는
너의 걸음은
차라리
하얀 서러움이어라.

지렁이의 노래

눈 없고
귀 없어
뼈도 없고
모양도 없어

천상
그 이름
지렁이

부는 갈바람에
소스라쳐 놀라고
악동(惡童)들의 발길에
혼이 다 나가
허둥지둥 기어도
여전히 거기

아–
나는
지렁이

눈물도 메마르고
침도 말라붙어
뙤약볕에 뒹구는
검붉은 저주

실낱 같은
한숨 속에
온몸으로 부르는 노래
그러나
신음으로 들리는 노래

비야 오너라
비야 오너라.

소렉(Sorek)으로 가는 길

영욕이 갈렸구나
소렉의 길목에서

어둠이 엎드리고
사자(獅子)의 입이 벌어진 길
쓰디쓴 포도주 잔이
관능으로 번쩍인 길
서약이 깎이우고
권능이 결박되고
판단이 송두리째 뽑히고
한(恨)을 맷돌질해야 하는
슬프고도
슬픈 길

어제같이
아침햇살이었던 너여
어이
그리로 향했던고

가긴 쉬워도
오지는 못하는 길
왜
그리로 내렸는고

그래서
더 애달픈
너
하나님의 사람아.

*소렉(Sorek)은 사사 삼손을 유혹하여 파멸로 이끌었던 여인 들릴라가 살았던 골짜기 이름이다.

못 박아라

정(情)은 삼겹줄
욕심은 무저갱
실낱 같은 숨에도
유령같이 일어난다

광기 어린
보라색 웃음
진혼곡에 휘적이는
죽음의 춤사위

벌거벗겨
십자가에 매달고
못 박고
또 박아라
검붉은 피에
파리하게 식은 육체
더는
돌릴 고개가 없다

한으로 맺힌 눈물
장부(將夫)의 호기와 함께
쓸쓸히
진토에 내린다

쓸어 담아
깡그리 묻어라
칼 같은 동토(凍土)에
싸늘히
죽어라

저 하늘
찬연한 해
하얗게
다가올 때까지.

만남

밤 내 분 갈바람
나목들 몸서리치고

뒹굴던 잎들
이젠 돌 틈에 곤하다

차가운 달 요요로운 빛도 가고
비탈엔 햇살이 다사롭다

뼛조각 떨리던 지난 밤
마룻바닥에 고인 아픔들

그 옛날 셋째 기둥 옆
날 쓰다듬던 손길 아닌가

윤기 없는 푸석한 얼굴
대야에 뜬 거뭇한 수염

그러나 광야를 다녀온 자의
신비로운 미소여.

하늘 길

그물 버려지고
배 뒤로하던 날
비린내 나는 손바닥엔
흰 옷자락이 쥐였다

순간에 영원을 보고
땅에서 하늘이 약속되었다
갈릴리 모래알이 궁창의 별로 가고
궁정의 향기가 들풀에 덮였다

내어 민 상아빛 손
그윽히 부르실 때
기이한 빛 따라
하늘 길로 들어섰다.

가야 하리라

여우의 굴들로
황량해진 언덕을
들숨으로 지나고

썩는 살
검은 동공으로
밀고 에우는 무리
날숨으로 지난 지금

아직도
눈 먼 귀신에 묶여
엎어지고 자빠지는
그 울음에 매여

어제 간 길
오늘도 간다
오늘 가는 길
내일도 간다

들을 지나고
강을 건너
내
가야 하리라.

그렇게 가라

어림없다
광대짓 휘저음에도
넌 진솔히 가라

가야만 하는
길이 있음에
감사하며

몽환마냥
혼곤함의 아지랑이가
스멀거릴 때에도
넌
먼저 가신 이의
골고다로 이어진
핏자국을 잊지 말아라

조악한 찔레로
딛을 발이 궁하거든

차라리
굴러서라도 가라

온 등 고슴도치져도
한 걸음 간 것으로
족히 여겨라

해일로 높아진 바다로
천지가 아득하거든
온 몸 던져
장렬히 나아가거라

진실과 영광의
명패가 걸리기까지
너는
그렇게 가라.

시몬의 서러움

횃불과 창날에
물 쏟아지듯 흩어졌을 때
시몬아
부러진 네 호기(豪氣)
자존의 짐이 되었구나

가야바 전정을 나서던
홍포의 주님
물기 어린 눈길로
네 가슴 즈려 가실 때
넌
차라리 죽지 못했음에
창자를 끊어야 했었구나

혼이 나가도록
까부르는 저들의 키질에
지친 네 동공은
검은 자위뿐

못 따른 사랑에
서러이 우는 너는
시몬이란다

애처로워라
멀찍이 따라가는
동강난 사랑이여.

돌기둥

살이 에이는
혹한의 칼바람에
서러이
서러이 울더니

부러져
절뚝이는 환도뼈의
하얀 애가(哀歌)가
그리도
가슴 저리더니

홀연히
한 가닥
하늘바람 불어
기어이
민들레의 영토(領土)에
노란 기지개로
생명을 채우는구나

언 가슴에
황홀한
금빛 고동(鼓動)이
치는구나

하늘에
문이 뚫린게야

눈물 젖은 돌베개에
행복의 꿈이
누운게야

천지를
아우르는 이의 손길이
쓰다듬고 계신게야

허어~
내 가슴 그득하여

숨길이 가쁘나
오늘
여기
돌기둥 하나
세운단다.

양초 하나

한낮 중천의
태양이 되려 하지 마라
너무
찬란하고 자신만만하여
넘칠까 두렵다

먼 밤하늘의 별도 되지 마라
꺼질듯 아물거려
잊혀질까 두렵다

밤 길에 걸린 네온사인도 되지 마라
짙은 화장 지워진 후 여인처럼
초라해질까 두렵다

이미 초저녁에 반이 다 타버린
반동강이라도
차라리 너는 한 자루 초가 되어라
저 어두움에서 절박하게 부르는 이에게
진실함으로 삶을 태워가는
양초 하나 되라

한 기도

주여
주님 찾기에 나 목마르게 하시고
주 따르기에 아픔이 있게 하소서
칭찬이 넘칠 때
주께로 귀를 열게 하시고
만인의 호응에도
주님의 허락을 기다리게 하소서

주여
푸르고 형통할 때에
방락(放樂)치 않게 하시고
어느 날 빈한(貧閑)함에 설지라도
혹여 서러 말게 하소서

주여
비루함이 인생 중에 높아질 때에도
낙심하지 말게 하시고
악이 성행할 때에도
두려워 말게 하소서

주여
사자같이 담대하나
주 앞에 떨게 하시고
요란함 속에서도
고요를 누리게 하소서

죄의 격랑 속에서도
영원한 포구를 보게 하시고
비진리의 유력함에도
고독한 진리에로 걷게 하소서

주여
주님만
나의 주가 되소서.

또 한 기도

주님
생의 여로가 험난할지라도
당황하거나 포기하지 않게 하소서

오히려
피 묻은 옷자락 안에 감추인
영원한 휘광(輝光)을 보게하소서

잠시
내 순례의 걸음을 혼곤케 하나
당신의 신광(神光)에 허물어져 갈
세상을 비웃게 하소서

만일
주님 없다면
어미 잃은 아이같이 천지가 아득하나
주님 계시다면
온 세상 티끌 보듯하게 하소서

늘
가난한 마음으로 낮은 데로 임하신
주님 바라보게 하시고
당신의 흔적으로
세상을 물끄러미 보게 하소서

주님
당신의 이름이
어찌 그리 귀하신지요.

길 노래

서른넷
새벽이슬 털며
걸은 길
이젠
산 모퉁이
돌아간다

서른넷
밤 외롭고
낮 숨차던 외길
이젠 등성이에
숨는다

아직
미친 바람 숨죽지 않고
찌는 해 식지 않는데
뭉개진 입술
모서리에 모은다

황색 흙모래
눈썹 물들고
풀쑥 내음
혼에 배어도
서른넷 온 길
오늘도 간다

어제 온 길
내일 갈 길
오늘도 간다
호 – 이
호 – 이
새벽하늘 우러르며.

환도뼈의 노래

2012년 8월 27일 인쇄
2012년 9월 1일 발행

지은이 | 이영희
발행인 | 이형규
발행처 | 쿰란출판사

주소 | 서울특별시 종로구 이화동 184-3
TEL | 02-745-1007, 745-1301, 747-1212, 743-1300
영업부 | 02-747-1004, FAX / 02-745-8490
본사평생전화번호 | 0502-756-1004
홈페이지 | http://www.qumran.co.kr
E-mail | qrbooks@gmail.com
qr9191@daum.net
한글인터넷주소 | 쿰란, 쿰란출판사

등록 | 제1-670호(1988.2.27)

책임교열 | 송은주

값 8,000원

ISBN 978-89-6562-352-6 03230